파도를
　　부르는
　　　　이들에게

파도를
　　　부르는
　　　　　이들에게

초판 1쇄 발행　2025. 1. 21.

지은이　김시소
펴낸이　김병호
펴낸곳　주식회사 바른북스

편집진행　김재영
디자인　양헌경

등록　2019년 4월 3일 제2019-000040호
주소　서울시 성동구 연무장5길 9-16, 301호 (성수동2가, 블루스톤타워)
대표전화　070-7857-9719 | **경영지원**　02-3409-9719 | **팩스**　070-7610-9820

•바른북스는 여러분의 다양한 아이디어와 원고 투고를 설레는 마음으로 기다리고 있습니다.
이메일　barunbooks21@naver.com | **원고투고**　barunbooks21@naver.com
홈페이지　www.barunbooks.com | **공식 블로그**　blog.naver.com/barunbooks7
공식 포스트　post.naver.com/barunbooks7 | **페이스북**　facebook.com/barunbooks7

ⓒ 김시소, 2025
ISBN 979-11-7263-220-5 03810

•파본이나 잘못된 책은 구입하신 곳에서 교환해드립니다.
•이 책은 저작권법에 따라 보호를 받는 저작물이므로 무단전재 및 복제를 금지하며,
이 책 내용의 전부 및 일부를 이용하려면 반드시 저작권자와 도서출판 바른북스의 서면동의를 받아야 합니다.

김시소 시집

파도를
부르는
이들에게

바른북스

시인의
말

파도를 부를 때면
내가 보였다

나와 인사할 때면
당신이 보였다

서문

시를 세상에 보이려 할 때면
하지 않아도 되는 수많은 이유를 떠올렸습니다

가까운 이들이 건네주는 따뜻한 응원은
등대처럼 골목을 밝혀주려 하지만
정작 고개를 숙인 채 몸을 움츠린 건 저였습니다

해야만 하는 단 하나의 이유를 떠올렸을 때
이 책을 펴내기로 결심했습니다

수신인에게 이 편지를 전할 수 있으려면
그들에게 단 한 번의 숨을 건넬 수 있으려면
바람을 타고 유영할 수 있도록
하늘을 향해 보내줘야 한다는 것을 깨달았습니다

어쩌면 지금 제가 펴낸 글들은
시의 이름을 빌린 다른 무언가일지도 모릅니다
하지만 지금의 제게, 시는 편지입니다
저와 이름 모를 당신에게 보내는 편지입니다

어떤 감정에서든 감정을 불러내는 순간을
만나는 일에는 용기가 필요합니다
그럼에도 불구하고
파도를 불러내 마주하고 있는 모든 이들에게
이 시를 전하고 싶습니다

저 역시 파도를 부르는 용기를 내보겠습니다

차례

시인의 말
서문

제1부

살아내기　12
걱정되면 믿어보면 입을 보면　15
얻는 잃음　17
다독이기　19
연결된 이야기　22
매료된 이야기　25
오래될 이야기　28
돌아다니는 이야기　31
구태여 1　34
구태여 2　37
슬픔을 아는 사람　39
미워하고 싶지 않습니다　41
바람 쐬러 가자　44
물방울 노크　47
몫 나누기　50
빛이 될 후보자　53
선물 나오는 시간　55
사랑받는 사람　58
코트의 시선　59
삶갈피　62
눈이 온다 사랑이 온다　66

제 2 부

눈망울을 아는 이들 72
혼자였던 날 74
해석하는 날 75
불면증 78
뒤늦은 고백 80
절벽 끝의 일기 83
취중 일기 85
실패 일기 87
진짜 웃음 찾기 90
언덕 이야기 93
고통이 찾는 이 96
자신이라는 공간 97
가까운 타인 99
고마운 재촉이 있다면 101
가랑잎을 보고 사랑잎이라 부른다 103
보통의 저녁에서 106
보통의 하루에서 108
투명한 식사 110
매일 하는 삶 112
좋아해서 좋아해 114
지난 아이 117
안녕, 낯선 사람 119

제1부

살아내기

아침 일찍 너를 보러왔어

이름을 나직이 불렀을 때
네가 늘 머물던 공간은 조용했어

오늘은 너를 보지 못하는 걸까?

나뭇가지와 낙엽이 닿는 소리가 들릴 때면
혹시 너일까?

길은 계속 걸어가야만 하니까

뒤를 돌아 떠나가려 할 때
나를 찾아주는 소리를 들었어

분명 너의 목소리였어

너는 아침을 풀 속에서
보낸다는 것을 알게 되었어

그 안에는 무엇이 숨겨져 있어?

호기심 가득한 눈을 하고
조심스레 다가가며
더듬거리는 손끝으로

그런 너의 모습을 보았을 때
그 시간을 방해하고 싶지 않았어

속 안으로 깊숙이 들어간 뒤
나오지 않는 너를 보면
미소가 지어졌거든

그래, 나도 길을 걸어내 볼 테니까

우리, 실컷 길을 잃어버리고

다시 마주할 때
서로의 얘기를 해줄까?

나는 너의 이야기가 궁금하거든

그때까지
나도 나의 이야기를 놓지 않을게

걱정되면 믿어보면 입을 보면

 너는 나의 손을 만지고 있었지 손바닥의 중앙을 눌러주면서 하얘진 얼굴이 편안해질 수 있도록 도와줬지 네게 편한 길이 있어도 내게 편한 길을 선택해 함께 걸어가려 했지 그런 널 볼 때면 무너진 공간을 다시 정리해보자고 그러면 되는 거라며 살 의지가 샘솟았지

 이 길을 오르지 않았다면 한 계절의 끝과 제대로 인사할 수 있었을까 아직 떠나가지 않은 존재들과 눈을 맞추고 숨을 고르며 이렇게 웃어 보일 수 있었을까 한 계단 한 계단 오를 때마다 반대편 방향에서 내려오던 이들을 보면서 후련한 표정을 보면서 믿어보겠다고 보이지 않는 것이지만 믿어보고 싶다며 발끝까지 힘을 모아 걸어갔지 평평한 지대에 다다를 때면 만나게 될 풍경은 늘 고개를 끄덕이게 만들었지 신발을 가지런히 벗어둔 채 모래 위를 맨발로 걸어가던 사람들 의자에 등을 기댄 채

책 속으로 얼굴을 묻고 있던 사람들 줄넘기를 꽉 쥔 채 한곳을 향해 함께 달려가던 사람들 그 풍경을 바라보면 몸 안에 숨어있던 새싹의 존재가 기억나고 여전히 살아있다는 것을 알게 해주지

　모래 위를 지나올 때 책 속에 얼굴을 담아낼 때 알 수 없는 한곳을 향해 나아갈 때 너는 나의 손을 잡고 있었지 아직 그 길의 끝은 보이지 않지만 멈추지 않은 손에 손이 느껴질 때 주먹 쥔 손에 닿은 힘의 감각은 분명해서 이를 잊지 않겠다고 무엇이 가장 소중했는지 잊지 않겠다며 다짐할 때 웃음이 지어졌지 순수하게 웃던 미소가 떠올랐지 이제 그 웃음을 되찾는 방법을 알게 되었지

얻는 잃음

같은 밤 아래서
하늘이 빛을 잃었다고
내가 말할 때
너는 말했지
하늘이 별을 얻었다고

같은 마음 속에서
화원이 꽃을 잃었다고
내가 말할 때
너는 말했지
화원이 쉼을 얻었다고

내 눈은 쉽게 쫓아가
잃는 방향으로
나와 함께이면

얻는 마음조차
사라지게 될 거라며

네 눈은 자연히 다가가
얻는 방향으로
우리가 함께이면
두 모습을 모두 담아
늘 더해질 거라며

구름이 다가와서
달의 절반을 포개면
잃는 것이 있어
얻는 것이 채워져 그래서
반달처럼 웃고 있네

다독이기

눈을 감아봐

이제 눈을 떠봐

짙푸른 바다가 보여?

두 팔로 두 다리를 감싸안은 채
바다와 마주 보고 있어

물결이 뒤에서 앞으로 다가올 때마다
여기에 온 이유들이 건너와

그 계단을 오르지 못하면 어떻게 될까?

손이 허공에서만 맴돌면 어떻게 될까?

초조해 불안해 걱정돼

입안에서 알갱이가 씹힐 때
손끝으로 빼내려 할 때

손은 이미 모래가 되어 있어

바닥으로 흩어져 사라지는 그 순간을
몸은 기다리고 있는 걸까

크게 달라지는 건 없을 거야

괜찮아. 괜찮아. 괜찮아.

변함없이 잘 해나갈 거야

소리 내 속삭여줄 때
입술 끝에서 알갱이가 망설일 때

한 팔을 들어 올려
반대편 팔을 향해 부드럽게 두드려줘

모래로 성을 만들 때처럼
흩어진 존재들을 단단하게 뭉치려면

모아서 두드려줘야 해

눈을 감아봐

이제 눈을 떠봐

짙푸른 바다가 있어

두 팔과 두 다리를 활짝 열어
온몸으로 맞고 있어

연결된 이야기

1.
우리는 눈을 마주치면
바로 울 수 있는 방법을 알지

다른 이들이 보며 어리둥절해할 때
우리는 이유를 모르지만 우리만 아는 이유로

눈은 울고 입은 웃고 있지

2.
나란히 자전거를 타고 가면
너의 뒷모습을 보며 달리고 싶었어

앞서가면
너의 휘청거리는 모습을

알아채지 못할까 봐

환하게 웃으며
나아가는 너의 모습을
담아내지 못할까 봐

그래서 너의 뒤에서
지켜주는 사람이 되고 싶었어

그 마음에는 변함이 없을 거고

3.
너의 밤잠을 안아주던 가수를 만났던 날

너의 웃음을 되찾게 해준 이들을 만났던 날

너의 맑은 진심을 처음 읽었던 날

활짝 핀 꽃처럼 강한 격려를 쥐여주려는 널

맞아

너는 사랑이 참 많은 사람이었지

4.
너의 응원을 받을 때면
나도 제법 괜찮은 사람처럼 보였지
나약한 모습조차
너에게는 보여주고 싶고
진실한 눈으로 용기를 건네주면
할 수 있다는 말이 어느새 새겨져 있었지
기다려주는 독자가 있지
사랑하는 가족이 있지
든든한 친구가 있지
나와 얼굴이 똑 닮은 쌍둥이
네가 곁에 있지

매료된 이야기

1.
"재미없는 얘기를 해줄게"

왜 재밌는 얘기가 아니냐고?
그래야 잠에 푹 들 수 있으니까

무슨 얘기를 했는지는 기억이 잘 안 나
알람 소리를 들을 때면 신기한 거지

그 덕분에 지금에 있는 거고
움직일 수 있는 지금에서
오늘을 바라보는 거지

2.
꿈: 이 세상에 와서 한 사람에게 힘이 되어줄 것

가치관: 후회하지 않으며 살아가고 싶다는 것

좋아하는 것: 배움이 있는 모든 것

그것은
너의 대답들

소유하지 않고
다가가려는 너의 대답들

걸어가는 여정에서
만날 수 있는 너의 대답들

목적지만을 바라볼 때
풍경을 맡게 해주는 너의 대답들

3.
지금 너의 감정은 어때?
걱정되는 것은 어떤 거야?
너는 너의 어떤 모습들이 좋아?
그것을 하지 못한다면 어떨 것 같아?

궁금한 게 있어
말을 꺼내며 물어오던 사람

고개를 들면
늘 머무는 달처럼 걸음을 믿어주던 사람

어떤 조각이든
깊고 넓은 골짜기 안으로 품어주던 사람

기울었던 몸이 바로 세워져 갔을 때
등에서 느껴지던 온기,
그 온기로부터 도망치고 싶지 않을 때

네게 매료되기 시작한 이야기

오래될 이야기

1.
그 언덕을 거닐었을 때
우리는 왜 서로의 손을 잡았을까?

큰 비를 맞고 다시 마주했을 때
우리는 왜 서로에게 다가갔을까?

수많은 시간과 사람과 변화를 지나왔을 때
우리는 왜 여전히 서로에게 남고 싶을까?

2.
늦은 밤 네게 전화가 왔다
한참 대화를 나눴을 때
우리는 경주 위를 달리는 것 같다고
심지어 뒤에 아무도 없어도

언제부터였는지
분명 예전은 안 그랬다며
깔깔 웃으며 서로에게 물었고
우리는 참 비슷하다며 예전도 지금도
달리는 것이 잘못된 것은 아니니까
잘 못하고 있다고 말하지만 말자고
자신에게 어려운 거 꼭 필요한 거
서로에게 격려해 주자며
몇 시에 일어나는지
서로의 기상 시간을 물었고
이제 잠에 들자며
가끔은 이렇게 전화도 좋다며
전화하자고
마음이 가는 대로 그 순간 그때
해나가자고

3.
서로의 끈이 되어줬던 두 아이

그네를 탈 때면 마음을 꺼냈던 두 아이

풀색을 좋아하던 두 아이

옛이야기를 속삭이던 두 아이

쌓여갈 이야기를 기대하는 두 아이

4.
너와 함께했던 오래된 이야기에서
오래도록 그리고 싶네

너와 함께하는 오래될 이야기에서
오래도록 보고 싶네

너와 나, 우리가 이곳에 머무는 동안
오래도록 나누고 싶네

돌아다니는 이야기

1.
언제부터였을까 마주칠 때면 발은 떨어지지 않고 외면할 수 없는 마음이 찾아오던 게 빗줄기가 굵어지는 날이면 눈으로 뒤덮이는 날이면 걱정부터 맴돌던 게 안부를 바랄 때면 마지막을 떠올릴 때면 끝내 눈물이 맺히던 게

2.
작은 소리가 들려오면 몸을 움찔움찔하지
가까워지려 하면 한참 멀어지려 하지
그러면서 움직이는 모든 것에 관심이 많지
바라보는 것을 참 좋아하지
큰 소리가 들려오면 온몸을 숨기려 하지
컴컴하면서 아늑한 공간을 찾아가려 하지

다정한 소리가 들려오면

천천히 다가가려 하지
천천히 가까워지려 하지
천천히 마음을 열어가려 하지
천천히 우리가 되어가려 하지
혼자일 때를 좋아하면서 함께일 때를 좋아하지
함께이고 싶어 하지

3.
버스에서 내렸을 때
언덕을 지나왔을 때
골목에 들어섰을 때
너희와 만났을 때

편히 자고 있었을 때
잘 놀고 있었을 때
안부에 반겨줬을 때
너희에게 고마웠을 때

다가와 줬을 때

멀어지려 하지 않았을 때
남김없이 핥아줬을 때
너희에게 전할 수 있었을 때

4.
폭설이 다녀갔다 쌓인 눈 사이를 어떤 이가 마음을 써 쓸어낸 길을 보았을 때 어떤 이가 모아둔 물이 얼지 않고 여전히 찰랑이는 것을 보았을 때 어떤 이가 남긴 발자국이 여린 존재에게로 향한다는 것을 알았을 때 굳지 않고 촉촉한 흔적으로부터 어떤 이가 다녀간 것을 알았을 때 어떤 이가 놓아두고 간 미소를 발견하고 따라 미소 짓던 이를 보았을 때 그들이 있다면 혼자가 아니라면 함께해 나간다면 멈추지 않을 수 있다는 그 희망을 보았을 때 마음에도 폭설이 다녀갔다

구태여 1

1.
너는 실패가 두렵지 않아?

어떻게 두렵지 않겠어
실패할 때마다 아프지

그런데 어떻게 계속해?

하지 않으면
더
아파서

2.
마음을 쓰지 않는다면
상처받을 일이 없으니까

그렇게 대하는 게 익숙해졌나 봐
어떻게 마음을 썼는지조차
잊어버린 것 같아

그래?
너는 내게
늘 진심이던데

3.
그럴 때가 있어
찌그러진 빈 병처럼
갈증을 해소해 줄 능력도 없고
쓸 일 없이 남겨져 있는 것 같을 때

내게 아끼는 인형이 있거든?
그 인형을 안고 잠들면
잠자리가 편안해져
솜은 빠지고
폼은 흐트러졌는데
마음은 여전해
함께했던 밤

함께하는 밤
함께할 밤
그게 소중한 거라서
그러니까

나는 네가
꼭
필요해

구태여 2

설명할 수가 없어

느낌이라고 말해야 할까?

처음 마주친 순간부터
마음에서 정해준 것 같아

'우리, 오래 볼 것 같지?'

그러고는 낯선 모습을 등장시켜

손을 덥석 잡고 달린다거나
    찾아가서 이름을 부른다거나
        고장 난 듯 부끄러워한다거나
            눈물이 많아진다거나

모두 마음이 앞장서서 한 거야

언제까지
  볼 수 있을까?
    끝이 나는 건
      두렵지 않아?

이제 와서 이런 질문들이 걸어오면

무서워
  무서운데
    볼 때면
      다시 잊어버려

그래서 참지를 못해

그래서 계속 사랑해

슬픔을 아는 사람

사각지대를 지키는 볼록 거울
누가 거울을 혼냈는지 조금 찌그러져 있다

둥근 모양이 얼굴 같으면서
움푹 파인 흉터가 입 같기도 하다

몇 걸음 앞으로 가면 얼굴이 우그러진다
몇 걸음 뒤로 가면 몸이 우그러진다

거울의 흉터는 숨김이 없다
안으로 들어오면 스스럼없이 자신을 내보인다

꾸밈이 없어서 너는 흉이 많다
상처가 아물고 간 흔적이 많다

그 흔적을 보면 나는 네가 대견하다
울음을 숨긴 내 입꼬리는 네 앞에서 내려간다

미워하고 싶지 않습니다

너는 그렇게 했어야 했는데…

그 말을 듣는 순간부터 가슴에 돌이 들어온 것처럼 답답했습니다 왜 그런 말을 하는 겁니까 왜 내 삶을 대신 후회하려 합니까 왜 나를 믿지 못하는 겁니까 저는 삶을 후회하지 않습니다 저는 제가 원하는 게 무엇인지 알고 있습니다 그들을 물어봐 준 적이 있습니까

미웠습니다

그날부터 움직임에 흩날리는 먼지는 모래처럼 따갑고 작은 소리는 소음이 되어 인상을 쓰게 했습니다 저는 사랑을 품고 싶습니다 따뜻해지고 싶습니다 온기 있는 마음에서 더 오래 머물고 싶습니다 결국 가슴에 남은 돌을 만져야만 들어 올려야만 그래야만 그들과 만날 수 있다

는 것을 압니다

 나는 그렇게 했어야 했는데…

 그 말을 떠올렸을 때 그곳에는 당신이 있었습니다 자신에게 말하던 그 목소리와 그 눈빛과 그 얼굴을 기억합니다 당신은 그런 말을 자신에게 했습니다 자신의 삶을 후회한다고 말했습니다 술에 취하면 자주 눈물을 보였습니다 당신은 당신에게 해주던 말을 내게 했습니다 다만 그뿐이었습니다

 다른 이의 말이 건너왔을 때 내 안의 결핍에서 해석하는 순간부터 오해가 시작되는 것만 같습니다 저는 저를 믿어주지 않는 것이 슬픕니다 이것이 제 결핍입니다 분명 당신은 저를 믿어주고 있었습니다 제가 하는 모든 것을 멈추게 하지 않았습니다 응원까지 바란다면 그것은 제 욕심입니다

 수많은 왜를 떠올렸지만 저는 당신에게 물어보지 않았습니다 먼저 다가가지 않았습니다 진실한 이야기를 나누려 하지 않았습니다 저의 사랑과 당신의 사랑은 다

른 모습을 하고 있습니다 다른 모습에서 사랑을 발견하려면

 더 넓은 사랑의 크기로 품어내는 것

 그것이 오늘 제가 내린 결론입니다 저는 당신을 사랑하고 싶기 때문입니다 이해하고 싶기 때문입니다 안아주고 싶기 때문입니다

바람 쐬러 가자

들숨과 날숨이
서로를 밀어내는 것을 느낀다면

심장이 귓가에게
가까이 오려는 것을 마주친다면

차가운 땀이
뜨거운 눈물과 맞물리기 시작한다면

우리

바람 쐬러 가자

바람이 불어주는 입김에
다 함께 춤추는 갈대들을 보면

초록빛에서 노란빛으로
잔잔히 물드는 은행잎을 보면

틈을 내어 하늘과 빛을
기꺼이 끌어안는 소나무를 보면

우리의

바람을 쐬러 가자

걸음의 보폭과 속도는
자연히 찾아오는 대로

눈이 구경할 풍경은
자연히 그리는 대로

앞뒤로 나아갈 팔은
자연히 흐르는 대로

주저 없이

다가오는 말을 들어보자

바람대로

날아가 보자, 우리

물방울 노크

똑 똑 똑

자꾸 부르려 할 겁니다
지금
벽에 부딪히고 있다고요

물을 가져와 달라 할 겁니다
퐁당
푹 빠져있고 싶다고요

우산을 가져와 달라 할 겁니다
신나게
미끄럼틀을 타고 싶다고요

풀잎을 가져와 달라 할 겁니다

알려줘야 한다고요
맑은
아침이 찾아왔다고요

자꾸 부르려 할 겁니다
부딪힐 때면요

똑
톡
탁

꾸밈이 없어 그럴 겁니다
닿을 때
나는
소리는
정말 솔직하거든요

노크가 들려오면요
꼭
물어봐 주는 겁니다

지금 무엇과 닿고 싶어 그래?

몫 나누기

한 걸음씩 걸으면 된다는데
그게 잘 안되는 겁니다

용기 내어 한 발을 들어 올리면요

첫 번째 계획: 1도
두 번째 계획: 2도
…
360번째 계획: 360도

무려 360개의 선택지가 있는 겁니다

그들 중 어디에 놓는 게 좋을지
알 수 없는 거고요

망설이는 시간이면
남겨진 발이 저려오는 겁니다

그런데도 정확한 각도를 고민하면요

흠이 남지 않는 것
가능한 빠른 것
굴곡이 적은 것
보장해 주는 것

가장 완벽한 것을 찾고 싶은 겁니다

발을 묶어놓으면
얼굴에서 말해 오는 거예요

너는 혼자가 아니야

각도를 찾는 건 우리의 몫이야

눈: 하늘과 인사하기
코: 가득 담아내기

입: 고백하기
귀: 들여다보기
손: 날갯짓하기

너의 몫은 풍경에 데려갈 것

각도를 수정해 나가는 건 우리 모두의 몫

시간이 흐르면요
몫의 점이 많아지면요
기억이 자가 되는 순간이 오면요

점을 연결하고서
길이 생겼다 말해줄 겁니다

빛이 될 후보자

공원 역시 해를 맞는 순간이 달라
우리도 그럴 거야
그럴 때 자신의 할 일을 하지
봉우리를 키우고 가지를 뻗으며
그네처럼 닿은 아이에게 웃음을 주면서
우리도 그렇게 해나갈 거야
반대편에서 빛이 나면 힘들지
여기는 아직 춥고 어두울 테니까
하지만 빛은 공평하게 돌고 있어
아, 빛 자체가 되어볼까?
반짝이는 것만이 빛은 아니니까
언 마음을 녹일 수 있다면
닫힌 마음을 두드릴 수 있다면
우리는 모두 빛이 될 후보자
언제든지 빛이 될 수 있어

어두운 화면을 끄고
고개를 들며 걸어나가야겠어
거리를 활보하며 신난 바람개비처럼
스마일 표정을 짓는 방울 머리끈처럼
두 눈망울이 만나면 생기는 일
손끝의 온기가 닿으면 전해지는 일
빛이 오기만을 기다린다면
빛이 없어 괴롭다면
곁에 머문 보석을 바라볼까
오늘 하루는 어땠어?
함께 대화를 나누는 동안
빛이 왔는지 오지 않았는지
잊어버리지 않을까
이미 네가 나에게, 내가 너에게
빛이 되어줄 수 있다면
마음속에 자리한 온기를 보면
이미 여기 있는 게 분명해

선물 나오는 시간

1.

아이 아빠가 말한다

"엄마 닮았지?"

아이가 말한다

"호랑이?"

아이 아빠가 말한다

"아니, 그 옆의 공주"

2.

창가에 두 사람이 앉아 있다

여자가 웃는다

남자는 여자의 눈을 본다

머리를 쓰다듬으며 말한다

"멋지네"

여자가 운다

3.
방 안에 불은 꺼져 있다
오늘이 말을 걸면
방의 밝기는 환해진다

정말 너는 맑구나?
하늘을 바라본 구름 하나가
몽글몽글 피어난다

오늘 하늘에는
어여쁜 구름이 많다

다행이야

사랑받는 사람

볼을 세게 꼬집었다

팔을 세게 깨물었다

다리를 세게 주물렀다

통증을 내던 그 행위들은 모두

너무 사랑해서 전한 표현이었다면

세게 쓸렸던 지난날은

세상이 너를 너무 사랑해서라고

코트의 시선

1.
쾅쾅
소리를 따라가
오토바이와 청년이 쓰러져 있어

망설이지 않아도 돼
나를 바닥에 두어도 돼

저 멀리
담배를 피우던 아저씨도 달려와
오토바이와 세 사람이 함께 서 있어

팔 위로 나를 올려두던 사람들
따뜻해졌나 봐

2.
무언가를 발견하고는
거침없이 계단을 오른다
천천히 다가가
서로의 거리에서 무릎을 굽힌다
가방에서 꺼낸 마음을 조심스레 건넨다

이렇게 바닥과 스치는 거라면 얼마든지 좋아

3.
오늘 이곳을 찾아왔구나?

전등 아래서
진한 별 하나를 가리키면서
반달과 초승달 사이
이름 없는 달을 마주 보면서

온몸이 바닥에 닿아 있구나

하고 싶은 얘기가 많구나?

괜찮아, 전부 털어놓고 가도 돼

삶갈피

1.
그거 알아?
마음은 전부 기억한다는 거

이미 책처럼 써둬서
고마움과 기쁨, 두근거림부터
질투와 미움, 그리고 싫음까지

마음속에 켜켜이 쌓여서
그때마다 책갈피를 꽂아둔다는 거

언젠간 펼쳐서 읽어본다면

2.
한 아이가 가던 길을 멈춘다

한 손으로 벽을 짚은 채
신발 한 짝을 벗고 있다
신발을 거꾸로 들어 흔들면
작은 알갱이들은
바닥으로 흩어진다
아이는 신발을 다시 신고
책갈피 사이를 걸어간다
새 다짐은 주석처럼 남는다

불편한 것은 털어내고 가야지

3.
마음이 위기를 느낄 때가 있어

심이 없을 때

할 수 없다고, 이겨낼 수 없다고
심이 부러지면 연필 자루는 쥐고 있지만
아무리 써도 흔적이 남지 않는 것처럼

위기인지조차 모를 때도 있어

마음을 잊을 때

하고 싶은 게 없다고, 남은 힘이 없다고
빈칸으로 답하면 마음은 흐물흐물해져
마치 심이 빠져버린 휴지처럼

4.
종이 한 장을 넘길 때조차 베이는 손
가을바람에 으슬으슬 떠는 몸

겨울을 견뎌낼 수 있을까

발목만큼 오는 장애물을 넘지 못하고
엎드리면
눈을 감으면
감각이 깜깜해지면
마치 우주에 홀로 떠 있는 것 같아

공중에 머무르려는 몸
모든 동작을 느리게 바라보려는 눈
감각이 껌뻑거리면

작은 빛이 일면
손을 들면

두 발이 땅 위로 되돌아가려 할 때
마음은 비로소 안도해

찾아온 심지를 바라보면서

눈이 온다 사랑이 온다
- 눈이 해주는 이야기

네가 신호등을 기다릴 때
나는 네게 나무 위의 가지를 보여줬어

나를 이겨내고 있던 가지들

가늠되지 않겠지만 분명한 건
가지는 지금 자신의 몸보다
훨씬 큰 나를 감당하고 있는 거야

어때? 숨은 힘을 발견했어?

네가 신호등을 건너올 때
나는 네게 하나의 장면을 보여줬어

무릎까지 쌓인 내게서 나아가던 이들

신호는 붉은빛으로 변하고
느려진 걸음에는 변함이 없지만
끝까지 완주한다는 것이 대단한 거야

어때? 숨은 뜻을 발견했어?

네가 거리를 방황할 때
나는 네게 새하얀 모습을 보여줬어

나를 둥글게 모아 서로에게 향할 때
퍼져나가는 아이 같은 소리들

나를 둥글게 모아 포개어 놓아둘 때
마주치는 아이 같은 입가들

나를 둥글게 모을 때면
다들 기억하나 봐

어때? 숨은 웃음을 발견했어?

네가 삶을 잊고 있을 때

나는 폭설이 되어 너를 찾아갔어

나로 인해 넘어질까 봐
나로 인해 떨고 있을까 봐
나로 인해 사라질까 봐

지금 네가 걱정하며 떠올린 존재들

온 세상이 뒤덮인다면
온 세상이 얼어버린다면
온 세상이 마지막이라 한다면

여지없이 꼭 껴안아 보고 싶은 존재들

어때? 숨은 사랑을 발견했어?

제 2 부

눈망울을 아는 이들

 눈을 뜨면 겉옷을 목 끝까지 잠근 채 집 밖으로 나선다 찬 공기는 단숨에 흔들어 몸을 깨우는데 가파른 계단은 차츰 정신을 부르는데 마주한 길가로 아이들을 지키는 여러 개의 녹색 깃발이 들려 있다 그 길가를 지날 때면 할머님은 먼저 인사를 건네주시는데 어느새 건넬 수 있는 용기가 생겨나는데 이제 같은 향을 맡은 꽃들처럼 서로의 고개를 끄덕인다 옷 속으로 작은 땀방울이 맺히기 시작할 때 운동 기구 앞에 서 있다 쉽게 지쳐버리는 게 쉽게 맘을 놓아버리는 게 방치해 둔 체력 때문인지 아닌지 확인하기 위해 결말은 이겨내기를 바라서

 옛 기억을 더듬으며 기구를 더듬는다 어색해진 기억만큼 손짓이 어색하다 그 자리를 벗어나려 할 때 할아버님은 발과 손, 고개의 위치를 알려주시는데 근육에게 찾아오던 것은 통증보다는 자극, 그 자극을 새겨야지 풀어주는 것 또한 잊지 말라며 당부해 주시는데 몸 전체를

쭉 펴낸 것이 얼마 만인지 피부와 공기의 온도가 올라갈 때쯤 집으로 되돌아간다 한 아이가 엄마 품에 폭 안겨 있는데 촉촉한 눈망울에서 이유는 알지 못하지만 여러 차례 손을 흔들어 보낸다 놀란 듯 커진 눈망울에서 고개를 휘저으며 작은 손을 꺼내 흔들어 주는데 그 순간, 손을 내밀어 줬던 이들이 떠올랐다

혼자였던 날

 괜찮은 것은 아니었지 처음 몸을 움츠리기 시작했던 날 웅성거림에서 윗입술과 아랫입술이 닫혔던 날 자유라는 이름에게 도리어 묶였던 날 예상을 벗어나는 모습일 때면 이상하다며 정의되었던 날

 처음부터 괜찮은 것은 아니었지 소리 없는 존재의 목소리를 들었던 날 본 적 없는 이의 마음을 보고 보지 않던 마음을 두드렸던 날 잠긴 문이 개방되었던 날 장소와는 무관하게 윗입술과 아랫입술이 열렸던 날

 처음부터 괜찮은 것은 아니었지만 움츠리던 몸에게 몸을 기대었던 날 닫힌 입술에게 펼친 마음이 노크가 되었던 날 뒤를 돌아보며 쫓기던 눈에게 주변을 서성이던 눈에게 눈을 맞춰 손 인사 건넸던 날

해석하는 날

요즘 눈물이 많아졌어
여전히 말하기 어려워
여느 때처럼
눈물이 멈추게 되면 말할까
눈물이 나서 숨기는 건지
숨겨서 눈물이 나는 건지
이제 헷갈려

앉은 자리에서 떨고 있어
얇은 이불은
다리, 몸, 목 순으로 덮으며
찬 커피는
목, 몸, 다리 순으로 이동해
따뜻해지고 싶은 건지
차가워지고 싶은 건지

전부 모순돼

집 문 앞에서 들어가지 못해
발끝부터 굳은 사람처럼
벽돌 사이를 바라본 채
네가 내게 오면
나는 행복할 수 있을까
지금 너는 어떨까
지금 나는 어떨까
아는 게 없어

방 불은 잘 켜지 않아
오전 10시에서 11시 사이
꼭 밝아져
의지와는 상관없이
창문을 건너와
얼굴, 몸, 마음 순으로 안착해
훌쩍일 때
코를 시원하게 풀어내면
마침 걸린 코감기가 나쁘지 않아
줄곧 묻는 질문이 있어

무언가를 잃어버린 사람처럼
그것을 얻고 나면
행복해질 거라는 착각
바라볼 때 웃음 지어지는
그 방향을 찾아간다면

내 멋대로 한 해석들

지금 이게 가장 마음에 들어서 그래

불면증

미안합니다

하지 않기를 분명 약속했었습니다

온몸을 쓸 수 있을 때만
그 무엇이든 시도해 볼 수 있다는 것도
알고 있었습니다

대화를 나눴다면 좀 나았을까요?

건네는 용기가 없다면
받아내는 용기 또한 없다는 것을
약속을 지키지 못할수록
밤의 변화를 막을 수 없다는 것을
실감하고 있었습니다

낮과 밤의 경계가 사라진다면
삼켜지는 것은 누구일까요

욕망은 분명 좋은 윤활제인데
믿음이 없을 때면 넘어져 있었습니다

중심이 무게를 잃으면
밤과 잠은 반비례 관계라는 것을
한쪽으로 완전히 기울어지고 나서야
밤의 색이 낯설어지고 나서야
알았을 때는

이미 밤이 없는 겁니다

뒤늦은 고백

1.
가지 마

누군가 외치는 소리를 들었다
울먹이는 목소리 같기도 했다
턱 밑으로 감각이 없었는데
흙탕물 속에 오래 있어서였을까
발이 땅 위로 닿았을 때는
사라진 것과 남겨진 것이 분명했다
맨발로 가야 한다는 것
깨진 발톱과 흙가루, 핏방울을 데려가야 한다는 것
투명한 물로 씻어낸다고 해서 떨쳐낼 수 있을까
아린 후에도 여전히 다른 형태로 남는 걸 보면
이미 엉망이 된 거지
이제 돌아갈 수 없는 거지

이전처럼은 살 수 없는 거지
한번 남은 상처는
앞으로도 상처받았던 사람, 상처받을 사람으로

가지 마

그 목소리가 다시 들려왔다
들썩이는 어깨를 보면 가까이에 있는 걸까
왜 자꾸 외치는 걸까 무엇 때문에 여기 있을까

2.
자신을 좋아하는 것은 말도 안 된다고
너는 이미 엉망이 되었다며 멀리 떠나갔지
처음 볼 때부터 찾아왔던 속마음들
그 말을 해주지 못해서 이제는 이곳에 남겨야만 해

상처가 있으면 그 부분을 잃었으니까
작아진다고 생각하잖아
그런데 오히려 반대 같아
아픔을 보는 눈
그들에게 다가가는 발

내미는 손
존재 자체로 힘이 되거든

그렇다면 눈과 발과 손과 마음이 더 있는 게 아닐까

너는 분명 맨발로 걷는 이들을 발견했을 거고
성큼성큼 다가가서 손을 내밀었을 사람이니까
그래서 꼭 말해주고 싶었어

너는 도움을 주는 사람, 희망 같은 사람이었다고

전하고 싶었는데

절벽 끝의 일기

무엇이 나를 여기로 불러낸 걸까

지금 시간은 이른 편이고
다짐을 질끈 묶고서 만나러 왔어

얼음물을 삼켜낼 때마다
정신이 깨서 몸을 따라오기를 바랐지

그래서 더 고민하고 또 고민해서
후회 없이 깊이 고민해 봤으면

그 시간을 주고 싶어서
조금 빨리 흔들어 몸을 불렀어

누워서 그린 손짓은 걱정이 되기 쉽지만

앉아서 그린 손짓은 현실이 될 수 있으니까

어쩌면 몸은 마음껏 해볼 수 있는 날이
많지 않다는 것을 알고 있었을까

창문 너머에는 열차가 들어선 소리가 울리는데
어떤 역이 도착해서 기다리고 있을까

나는 그 열차에 올라타게 될까

취중 일기

 술을 마시고 일기를 쓰기는 처음이야 처음 보는 이 앞에서 눈물도 흘리고 말이야 누군가는 간절함이 사람마다 다를 수 있다고 말했지 무조건 채찍질하는 것만이 간절함은 아니라고 말했지 맞는 말이야 간절하지 않다고 정의하는 것조차 나의 간절함과 비교한 것이니 말이야 누군가는 말해줬지 충분히 잘하고 있다고 그토록 듣고 싶던 말 분명 스스로에게 해줘도 꼭 누군가에게 듣고 싶은 말 누군가는 머릿결을 쓰다듬어 주고 누군가는 너그러운 눈빛으로 바라보네
 참 따뜻한 밤이야 참 차오르는 밤이야 아직 지기에는 빛나는 밤이야
 모두들 고마워요

⟨홀로 돌아가는 택시 안에서⟩

두 눈을 감고 가는 길에
벅찬 마음에 눈물이 흘러
제발 내가
나를 믿어줬으면
어둡고
흔들리는 택시 안
글씨는 보이지를 않는데
술김에도 펜을 놓지 못하는데
삶은 이보다
더 어둡고 흔들린다고
말할 수 있나?
한 가지 분명한 건
펜을 잡고 있는 것이 아닌가

실패 일기

꽉 채워져 있던 것을 조금씩 짜내고 있었지
누르는 힘에는 변함이 없었지만
그 무엇도 나오려 하지 않았을 때
마지막과 가까워졌다는 것을 알았을 때
네게 남은 감정은 무기력함이었지

맨바닥에 누워있던 너의 모습을 보았지
왼쪽 뺨은 바닥에 맞대면서
한숨과 심호흡 사이를 오가면서
어느새 낯설어하던 낮잠과도 만났지
서서히 고이던 것의 정체는
침이든 눈물이든 상관이 없었지

오늘만큼은 하고 싶지가 않아

                    너는 왜 해야만 하는 거야?

그러게

왜 하는 걸까

모르겠어

전부

다

                    정말 모르겠지

...

                              ()

오늘 바깥은 겨울을 알리는 비가 내리고 있었지
버티던 잎마저 애쓰지 못할 만큼
강한 바람이 함께했지

떨고 있던 가지를 보았지
떨리는 너의 몸을 보았지
너의 안에서 흔들리고 있던 것은 무엇이었을까

아무것도 남지 않은 곳으로 가려는 이를 보았을 때
자국만 남은 흔적에 코를 맞대려는 이를 보았을 때
너는 좌절한 몸을 일으켜 세웠지
꽉 채워서 다시 돌아오겠다며
꼭 나누고 싶다며
네게 생긴 감정은 희망이었지

중심을 향해 달려가는 너의 뒷모습이 보였지

진짜 웃음 찾기

벽에는
인형이 걸려있다
스마일 표정을 떠올리면
딱 지어질 그 웃음,
균등하게 올라간 입으로 웃고 있다

다들 웃을 때
어떤 표정을 짓고 있었지?
호탕하게 소리 내
웃어버리던 진짜 웃음,
그 얼굴들을 떠올려 보고 싶다

입꼬리는 올라가지 않고
오히려 일자로 이어지는데
훤하게 드러나는 잇몸에서

진짜 웃음이구나

입술은 살짝 벌어져 있고
안은 전부 어두워져 있는데
귀엽게 드러나는 앞니에서

진짜 웃음이구나

입의 모양은 볼 새도 없이
고개를 뒤로 젖히며
금세 앞으로 되돌아오는데
의심할 여지 없이

진짜 웃음이구나

내 진짜 웃음은
무엇이었는지 어렴풋 알 것 같다

이와 이 사이에서 고르지 못한
잇몸의 자리를 차지해 버린
입술 뒤로 숨으려 하는 그 덧니,

제때 뽑지 못한 이를 드러낼 때

진짜로

진짜 웃고 있다

벽에 걸려있던
인형의 입술이 씰룩거린다

언덕 이야기

1.
소식을 들었어 마음에 드는 언덕을 찾았다고

신발을 벗고 맨발로 서 있으면 부드러운 풀은 날 서지 않은 채 간질이는데 나도 모르게 웃고 있는 모습이 좋더라고 풀 위로 누워 눈을 감으면 참새가 다가와 쫑알쫑알 말을 걸어오는데 그간 들어주지 못한 이야기가 많아서 그날 약속했지 준비가 된다면 너를 초대할게

2.
〈공사 계획〉

- 시계 대신 나무를 세워두기

- 풀과 하늘은 서로를 바라볼 수 있게 수정하지 않기

- 외곽에는 가능한 만큼 의자 놓기(단, 그 위로 천장은 필수)

3.
"최근 공사를 맞춘 새 공간입니다. 자유롭게 이용해 주세요!"
 - 살아있다고 느껴지는 순간이 채워지기를 고대하며

〈경고?〉 원반이 예상 없이 출몰할 수 있어요
〈추천!〉 산책길이 있어요

원반이 곁으로 날아올 때면 몸을 한 바퀴 회전해 보는 이가 있었고 무릎을 굽혔다가 힘껏 발돋움해 보는 이가 있었으며 입술로 덥석 물어 가슴에 꽉 안아보는 이가 있었다

둘레를 따라 걸어갈 때면 새의 이야기를 듣게 된 이가 있었고 어느 계절에 있는지 알게 된 이가 있었으며 떨어지는 산초나무 잎에게 고맙다 말하는 이가 있었다

맑게 웃는 소리가 난다면

제자리에서 빙글빙글 도는 것마저 즐겁다며

그러면 어지러워서 또 웃음이 난다 하는 이가 있었다

4.
비가 올 때 자주 찾아가
물살이 심한 날에는
땅에 닿아 튕겨진 빗방울이
얼굴에서부터 떨어지지만
그럴 때면 천장을 바라봐
여기에 오면 그런 상상을 해
사실 저 천장은
머리 위를 감싸주는
누군가의 손인 것만 같다고
비에 사라지지 않도록
잊었던 존재들이 나타나거든

5.
 소식을 들었어 마음에 드는 언덕을 찾았다고 언덕의
이유가 기억났다고

고통이 찾는 이

그간 쌓아온 높이가 무색하게

공간의 지름이 한계를 전해오면

무너뜨려야 할 때라는 것을 알아서

그런 순간을 고통으로 정의한다며

두 팔을 벌려서 감당해 낼 수 있는

기꺼이 안을 수 있는 폭이 될 때면

고통은 그런 이를 알아보고 찾아가서

이제 자신을 맞이할 수 있다며

자신이라는 공간

 머물던 공간을 이제는 떠나보겠다고 말했지 편안과 불안 사이에서 불안을 선택해 보겠다고 말했지 몸은 공간에 머물렀지만 마음은 허공에 머물 때부터 이 공간과 헤어질 수도 있다는 생각을 해왔지

 마음을 감싸안아 주는 공간을 만났을 때 정성을 다해 아껴주고 싶은 공간을 만났을 때 눈을 맞추고 손을 뻗으며 귀를 열어주는 공간을 만났을 때 어떤 공간도 만나지 않았다 해도 가장 강력한 공간이 늘 숨어있지

 어떤 한 순간도 떨어질 수 없는 그 공간

 영원히 헤어질 수 없는 그 공간

 그 공간을 지켜주고 싶을 때 그 공간과 함께한다면 그

무엇도 두렵지 않을 때 그 공간에게 보여주고 싶을 때 그 공간의 형용사를 새로 지어주고 싶을 때 그 공간에게 웃음을 되찾아 주고 싶을 때 머물던 공간을 떠날 용기가 생기지

머물던 공간을 이제는 떠난다고 말했지 떨어질 수 없는 그 공간을 위해 파도를 부른다고 말했지 파도 위를 휘청거릴 때마다 곧게 서는 연습을 해올 때마다 그 공간에는 어떤 변화가 생길까

기울던 그 공간을 바로 세워나갈 때

휩쓸고 간 그 공간을 정리해 나갈 때

그 공간에서 발견하게 될 것들은 무엇이 있을까 하나씩 채워나갈 때 버려나갈 때 배치해 나갈 때 그 공간을 보며 웃음이 지어질 때 그 공간의 입구에 놓아둘 이름에는 변함이 없지만 달라진 것이 있다면 그 공간을 바라보며 말해주는 거지

대견해

가까운 타인

 그래 이 요일, 이 시간쯤 문이 열리고 두 사람이 들어온다 여느 때처럼 내가 만들어 둔 과자를 고를 테지 유자차 한 잔과 청포도 에이드 한 잔을 주문하는데 요즘은 여러 음료를 시도하는 듯하다 이전에는 커피만을 찾아왔는데 가장 신선할 때 담가둔 재료를 꺼내 전해야겠다 단것을 찾는 것에는 이유가 있지 않을까 싱그럽게 웃음 짓게 만들 수 있지 않을까 마음을 담다 보면 꼭 넘치려 하는데 아슬아슬하게 컵 안을 가득 채워 그들에게로 놓아둔다 청포도 한 알이 빨대를 지나 입속에 빠질 때 동그래지던 눈을 보면 안도한다 숟가락으로 차를 떠서 마시면 그게 아닌데 다시 컵 안으로 휘저어 마시면 안도한다 두 사람이 머리를 맞댄 채 눈을 감고 있으면 천장의 전등에게 속삭인다 모두들, 그들에게 다가가 줘 두 사람이 어떤 얘기를 나누는지는 모른다 웃음소리가 들렸을 때 한 사람이 울었을 때 다음 한 사람이 울었을 때 두 사람이 어떤 마음인지는 모른다 모두 비어진 잔을 내게 반납했을 때 후련한 웃음을 지어 보일 때 문밖으로 나서며 감사 인사를 전해줬을 때 모르지만 알겠다며 그들이 떠나간 문을 바라본다 여느 때처럼

고마운 재촉이 있다면

 움직일 수 있는지 의문이 들었지만 재촉하는 몸을 따라가 봤습니다 바람은 잠시 순환을 멈추고 입김은 최대로 끌어내 맴돌게 했습니다 조금씩 맺히는 땀과 아직 불완전하지만 버텨주려는 끈이 느껴져서 포기하지 않고 계속해 보겠다고

 간지럽게 내리는 비가 여름을 달래서 가을을 재촉하는 듯했습니다 이번 계절은 비스듬히 찢어와서인지 유난히 떠나가지를 않았습니다 사과를 듣고 싶어 할지 고민할 때 웃게 해주려는 손짓이 다가와서 미워하지 않고 이번은 안아보겠다고

 허리를 꼿꼿이 세우고 다리를 곧게 펴며 바른 자세로 앉았습니다 굽이지고 꼬아지는 것은 자세만이 아님을 알아서 한곳으로 모여들던 소리는 아끼는 이들의 간절

한 외침임을 알아서 재촉해 보겠다고 사랑할 힘을 내보겠다고

가랑잎을 보고 사랑잎이라 부른다

힘없이 아래로 떨어진다

바짝 말라 푸석해진 결을 보면
금방 잘게 부서질 것 같다
마음이 아려온다

우수수

단번에 여러 잎이 떨어진다

마치 속마음을 들은 이들처럼
뭔가 말해주려는 것 같다
무엇이 있는 걸까

깍깍

까치는 울음을 내며 찾아다닌다

숨 쉴 곳을 향해 두리번거릴 때
나무가 그를 부르는 듯하다
자리를 내어주며

가지가 속살처럼 보인다

그렁그렁

소리 없이 아래로 떨어진다

마치 기다리고 있던 이들처럼
가랑거린 눈물을 받아준다
그런 가랑잎들에게서

오소소

바짝 말라 푸석해진 결을 보면
먼저 젖고 온 흔적이었구나
안아주는 거였구나

가랑잎이 사랑잎처럼 보인다

보통의 저녁에서

홀로 있는 집에
문이 열리고 이름을 불렀지

어머니는 빵을 조각마다 다듬으며
사랑을 모아주시고

아버지는 내일 챙겨가서 먹으라며
위안을 담아주셨지

우유를 머금은 빵은 폭신해지고
온기를 머금은 나는 포근해졌지

창문 밖은 어둠이 내려서
여느 때와 다를 것 없는 저녁이었지

특별한 것 없는 보통의 저녁이었지

보통의 하루에서

S#1. 오르막길

아이는 내려오고 강아지는 올라온다
교차하는 지점에서 둘은 서로를 알아보고 멈춰 선다
같은 눈높이에서 허물없이 서로를 쓰다듬고 핥는다

S#2. 언덕 위

오토바이 두 대가 서 있다
뜨거운 공기에서 두 사람의 얼굴이 붉어져 있다
작은 그늘에서 2L 음료를 나눠 마시며
마지막 모금을 서로에게 양보하려 한다

S#3. 얇은 빗속

소녀들의 손에는 우산이 없다
놀이터 안에서 그들의 몸은 가까워져 간다
손과 입가에서 가사를 띄우면 비는 그들의 음이 된다

걸음은 멈칫하고 눈은 응시하며 귀와 마음은 연다

감각은 장면을 잡는다

하루에 여러 장면을 잡으려 하면 그들을 잇는 점이 있다

그날, 사람 사는 냄새가 났다

투명한 식사
- 가을 어느 하루의 식사를 기록한 것입니다

이른 시간 그녀는 한 손을 이마에 댄 채 눈을 감고 있다 강가 위 듬성듬성 놓인 돌담을 건너오듯 감정을 지나오고 있다 맞은편 땅 위로 손바닥이 닿던 순간 굽힌 허리가 곧게 펼쳐지던 순간 그녀의 속눈썹이 바닥에서 천장으로 올라가던 순간 그녀는 곧잘 이렇게 식사를 한다

버스로 향하는 길 그녀는 잊지 않고 계단을 오른다 남몰래 지은 이름을 여러 차례 부르며 그 아이가 기억하는 목소리를 꺼낸다 그녀를 보며 계단을 뛰어 내려오던 그 아이를 본 순간부터 그녀는 이곳을 지나칠 수 없다 그 아이를 보지 못하는 날이면 마음을 남겨놓고 그곳을 떠난다 그녀는 곧잘 이렇게 식사를 한다

과자를 든 채 그녀는 의자에 앉아 있다 향을 맡고 여러 아이들이 슬금슬금 다가온다 조금씩 떼어내어 나눠줄

때 한 지점에 놓으면 모두들 힘차게 달려온다 닮은 듯 닮지 않은 그들 가운데 한 아이가 있다 너무 크면 먹지 못하는 아이 걸음이 느려 먹지 못하는 아이 그 아이에게로 손을 뻗을 때 닿을 때 잘 먹을 때 그녀는 곧잘 이렇게 식사를 한다

카페 안 그녀는 그와 함께 있다 찬 음료의 얼음이 전부 녹을 때까지 그들은 알아차리지 못한다 눈과 눈은 읽고 있던 중이다 입과 입은 건네던 중이다 귀와 귀는 이해하던 중이다 따뜻한 손은 차가워진 손을 잡아주던 중이다 마음과 마음은 서로에게 걸어와 포개지던 중이다 전부 녹아가던 중이다 그녀는 곧잘 이렇게 식사를 한다

매일 하는 삶

끊어진 실의 시작점을 찾고
모으고 모은 다음 잇는 거예요
뭉치는 거예요
모두 안아서 둥그러질 때까지

그 작업을 매일 하는 거예요
강요는 없어요
기한도 미정이고요
얽힌 일을 풀 수 있는지도

찾아올 때가 있어서라면
붉은빛을 일며
서서히 떠올라 그림자에게
노을이 되어주는 그런 때

태양을 만난 순간을 기억해서
이제는 놓을 수 없는 거고요

좋아해서 좋아해

투명한 것을 좋아해

불현듯 마주치면
존재를 실감하게 해주지

담아내는 순간이면
굳은 입가를 두드려 주지

틈을 좋아해

틈과 틈이 만나
내어주고 채워주는 모습에서
그 다채로움을 사랑하지

틈 사이로 스며든

한 줄기 빛이 보여준 희망에서
그 소중함을 사랑하지

산책을 좋아해

순수하게
자연스럽게
사랑스럽게
간질이는 존재들
그들에게서 행복을 배우지

커피와 노래와 책을 좋아해

곁에 함께이면
외롭지 않게 지켜주는 것들
고요를 불러와 주는 것들
그들에게 늘 고맙지

마음을 좋아해

숨은 두 마음이

문을 열어내면
걸음을 떼면
다가오면
포개지면
우리가 되면
앓이를 시작하지

그리던 그들에게서
나를 발견하지

지난 아이

오랜만에 너를 만나러 간다 그 길을 걸을 때면 나의 손과 발은 차가워져 간다 겁이 난다 네가 떨고 있다는 것을 알고 있었는데 내가 너를 안아줄 만큼 강한 사람은 아니라고 생각했다 너의 눈을 피해왔다 오랜만에 너를 만나러 간다 네가 나를 본다면 어떨까 털을 바짝 세우며 경계하는 눈빛으로 멀어질까 어쩌면 대화를 나누고 싶지 않을지도 모르지만 어떤 환대를 바라면서 가는 것은 아니다 이제 많이 강해진 것 같다고 생각할 때쯤 너와 함께하는 사람들과 마주쳤다 너와 잘 지내는지 못 지내는지 자세한 관계는 모르지만 '지낸다는 것'을 알고 나서 새 파도가 찾아왔다 물살이 시작되고부터 알게 된 것은 나는 전혀 강해지지 않았다는 것이다 너를 완전히 지워두고 있었다 너와 함께하면서 힘들어하는 이에게 힘들 것을 알면서 끊임없이 눈을 맞추던 이에게 약하다는 착각을 범했다 정말 강한 사람은 그들이라는 것을 이제

안다 오랜만에 너를 만나러 간다 너를 떠올리면 연민이란 감정이 찾아온다 연민을 느끼고 싶지 않다 나를 연민하고 싶지 않다 언제부터 외로움에서 멀어졌는지 언제부터 선호가 뚜렷해졌는지 기억을 더듬을 때면 여지없이 네가 나타난다 네가 머물던 그때 나는 나와 가까워졌다 네가 머물던 그때 나는 햇살과 만나는 일이 얼마나 소중한지 알았다 네가 머물던 그때 나를 놓지 않은 네가 있어 나는 지금에 있다 그때 너는 정말 강했는데 왜 나는 불쌍하다고 생각했을까 나는 너를 만나러 간다 감정이 성큼성큼 올라온다 네게 고맙다고 말하고 싶다 네게 고맙다고 말할 것이다 이제 너를 만나러 갈 것이다 너를 안아줄 것이다

안녕, 낯선 사람

 너는 잘 뛰지 않는 사람인데 그런 너를 망설임 없이 달리게 하는 이들이 있네 여린 모습을 보면 이미 옆의 너는 사라지고 그들을 향해 달려가는 뒷모습만 남아 있네 그곳은 너무 높은데 위험하지 않겠느냐고 물으면 한 발만 설 수 있는 그곳을 이미 넌 올라가 있고 마음을 건네고 나면 몸을 작게 움츠리고 있네 다가오는 이가 놀라지 않게 쉿-을 외치며 고요를 지켜주려는 모습에서 더는 욕심을 내지 않네

 너는 잘 얘기하지 않는 사람인데 그런 너를 망설임 없이 꺼내게 하는 이들이 있네 여린 모습을 보면 오직 둘만의 색을 남겨 온전히 비칠 수 있도록 머문 공간의 배경은 무채색으로 칠해지네 지금 너는 너무 투명해진 것이 아니냐고 불안하지 않느냐고 물으면 너는 안도의 미소를 짓네 나눌 수 있는 그 경험을 갖고 있어서 힘이 되

는 한순간을 전할 수 있어 자신은 행운이라는 모습에서 더는 걱정이 되지 않네

  너는 잘 기다리지 못하는 사람인데 그런 너를 망설임 없이 기다리게 하는 이들이 있네 여린 모습을 보면 너는 가을빛이 완연한 산책길을 함께 걸으며 고즈넉이 곁을 지켜주네 조급해지지는 않느냐고 열어주고 싶지는 않느냐고 물으면 너는 문을 여는 힘이 있다는 것을 믿는다며 쓰러지지 않게 등을 맞대고 있겠다며 평소보다 느린 속도로 나란한 이의 발을 따라 걷고 있네 또렷한 너의 눈에서 더는 희망을 잃지 않네